La Bretagne Républicaine

LE DOMAINE CONGÉABLE

ou

l'histoire d'un genre de propriété inique et antisocial usité seulement en Bretagne

PAR

Joseph LE ROUZIC

Député du Morbihan

SAINT-BRIEUC

[illegible]

[illegible]

La Bretagne Républicaine

LE DOMAINE CONGÉABLE

ou

l'histoire d'un genre de propriété inique et antisocial usité seulement en Bretagne

PAR

Joseph LE ROUZIC
Député du Morbihan

SAINT-BRIEUC
IMPRIMERIE MODERNE (ASS. COOP. OUV.), 9bis, RUE SAINT-BENOIT

1914

LE DOMAINE CONGÉABLE

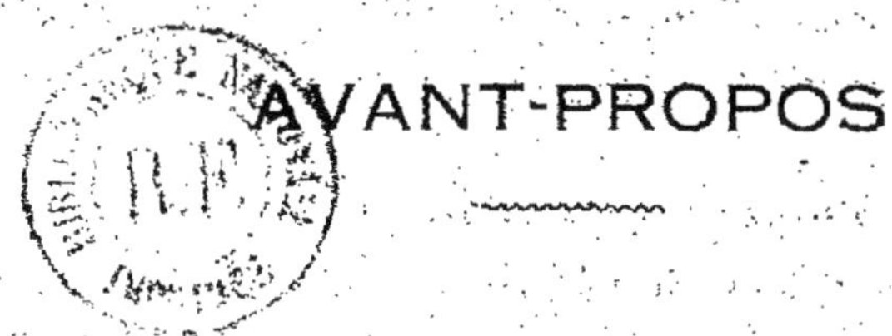

AVANT-PROPOS

La Bretagne passe aux yeux de beaucoup de gens pour un pays arriéré. Sa langue, ses costumes, ses vieux usages sont de nature à le faire croire à ceux qui ne regardent que la superficie des choses. « Pays de vieilles haines, de pélerinages et de guerre civile, terre de cailloux et race de granit. Là, tout dure, le temps y passe plus lentement » écrivait Michelet, vers 1830.

S'il visitait la Bretagne aujourd'hui, le grand historien constaterait qu'elle a bien changé, que l'agriculture, le commerce, l'industrie y ont pris un essor considérable et que la République y a conquis sur l'esprit de conservatisme et de réaction la majorité de la population.

Certes, la noblesse et le clergé s'efforcent par tous les moyens encore en leur pouvoir de maintenir leur domination et leurs anciens privilèges. Mais l'instruction, l'école, la presse, les chemins de fer, les relations commerciales, le désir légitime et incompressible du mieux-être et de la liberté absolue de la conscience ont produit des résultats auxquels il est impossible de faire obstacle désormais.

Une coutume immorale, inique et très funeste à l'agriculture en Bretagne est un genre de propriété portant le nom de domaine congéable.

La Chambre des députes, a voté, sur ma proposition de loi, la réforme de cet abus criant.

La réaction bretonne a recherché tout aussitôt les moyens d'empêcher cette loi d'être votée par le Sénat.

Ce sont ses manœuvres qui m'ont amené à écrire cette brochure où se trouvent réunis les quatre ou cinq articles que j'ai publiés dans un journal morbihannais. Ils me paraissent suffisants pour donner à la fois une idée exacte de la question du domaine congéable, de l'utilité de la loi votée par la Chambre et de l'irréductibilité des réactionnaires à comprendre ou à accepter le progrès.

Le Domaine Congéable
EN BRETAGNE

I

Les Réactionnaires sont toujours les ennemis du Progrès

Je n'ai point à redire ici ce qu'est le domaine congéable; je ne le ferai du moins que très brièvement, juste autant qu'il est nécessaire pour écarter toute équivoque.

Avant de discuter, commencez par définir, disait Voltaire. Le précepte est toujours bon à suivre. Et c'est avec les réactionnaires surtout qu'il est bon de définir. Même après avoir défini nettement avec eux, il est encore souvent impossible de s'entendre. Leur mentalité est si oblique, leur esprit si tortueux; lorsque vous les imaginez d'accord avec vous, parce que c'est l'évidence même, ils sont en train de chercher midi à quatorze heures.

Est-ce l'habitude de croire au miracle, au surnaturel, qui les rend si aptes à dénaturer les faits pour les besoins de leur cause? Disciples de l'abbé Vertot, leur siège est fait d'avance et vous perdez votre temps à leur démontrer qu'ils se trompent, que les choses sont tout autrement qu'ils disent ou pensent. Le mot appliqué aux Bourbons, de retour en France après la Révolution et l'Empire, leur convient à merveille : « Ils n'ont rien oublié, rien appris. »

Les réactionnaires ne veulent, en effet, rien apprendre. Par définition, ils sont toujours en appétit de recul. Quand ils se déclarent amis du progrès, c'est à la façon de l'écrevisse ; ils marchent, mais à reculons. L'égalité pour eux est un blasphème ; le droit commun une hérésie. Les privilèges sont d'ordre providentiel. Silence aux pauvres!

***

Le domaine congéable existe depuis des siècles en Bretagne, c'est donc qu'il a eu sa raison d'être; ce que les seigneurs voulaient, Dieu le voulait sans doute, tout étant prédestiné.

La Révolution a tâché de l'abolir, mais la révolution était satanique, a dit de Maistre et a répété après lui Mgr Freppel, et répètent après lui tous les réactionnaires. La République, qui est fille de la Révolution, poursuit également le rêve dangereux de mettre sur un pied d'égalité, de réciprocité, des gens qu'il est préférable de laisser dans la situation respective où des usages séculaires les ont placés. Ne faut-il pas qu'il y ait des maîtres et des esclaves, des subordonnés et des supérieurs? Tant pis pour ceux qui sont domaniers : c'est le sort qui l'a voulu, c'est-à-dire la justice éternelle, car la justice humaine n'entend rien aux lois préalables, au plan idéal.

Et n'allez pas croire que j'exagère en écrivant ceci, que je ridiculise les réactionnaires pour les combattre plus aisément, que je leur prête gratuitement et par ironie des sentiments qui ne sont pas les leurs.

Lorsque vous lirez plus loin le texte du vœu émis par la Section morbihannaise de la Société des Agriculteurs de France dans la réunion du 15 décembre dernier à Auray, vous vous demanderez si ces gens-là ne vivent pas dans la lune et n'ont point coutume de prendre des vessies pour des lanternes, ou bien s'ils n'ont pas fait la gageure de se moquer du monde en affirmant cyniquement le contraire de la vérité.

***

Certes, je ne m'étais pas figuré en déposant ma proposition de loi sur la réforme des domaines congéables que je ferais plaisir aux tenants de l'ancien régime, qu'ils l'accepteraient de bonne grâce ni sans crier ou se débattre. L'équité, la justice, la morale, le droit commun, le progrès agricole passent bien après leurs intérêts personnels. Mais je pensais qu'ils feraient appel, pour combattre cette réforme, à des arguments à la fois honnêtes et sérieux. Au contraire, le parti pris les aveugle, et croyant être habiles, à l'instar du mollusque qui trouble l'eau quand il se voit pincé par le pêcheur, ils renversent sens dessus dessous la question du domaine congéable, la présentent à l'envers et s'écrient en triomphant : n'est-ce point un sacrilège de toucher à une si belle chose ? Quel impie que ce député Le Rouzic ! De quoi se mêle-t-il ? S'il plaît aux exploitants, aux domaniers, d'être exploités, est-ce que ça le regarde ? N'y a-t-il point des siècles que cela dure ? Evidemment les domaniers n'ont cessé de geindre à travers les siècles ! Mais, est-ce que les gens, dans quelque condition que ce soit, sont jamais contents ? L'anguille de Melun a toujours crié d'être écorchée. Les domaniers ne sauraient prétendre à l'égalité avec les propriétaires fonciers ! Les premiers représentent la propriété travail, les seconds la propriété héritage ; il y a antériorité pour ceux-ci ; par conséquent à eux les privilèges. La belle affaire de travailler, d'exploiter, de mettre en œuvre de produire ; c'est le lot des manants, cela, des domaniers ! Mais avoir le fonds, posséder le sol et tirer de là rentes et profits sans compter la faculté de congédier le propriétaire du dessus, l'exploitant qui, lui, est rivé là, comme un forçat à sa chaîne, voilà vraiment le droit du seigneur tel que l'avait si bien compris le moyen-âge ! Du reste, le fabuliste ne s'y est point trompé, en nous montrant que le droit du plus fort est toujours le meilleur.

***

Et c'est pourquoi nos moralistes d'Auray, à la fin de leur vœu contre cette abominable loi Le Rouzic, qui se permet de venir troubler la fête, « demandent d'une façon générale que la loi ne puisse intervenir dans les conventions entre propriétaires et exploitants et que liberté entière leur soit laissée, au point de vue de leurs intérêts réciproques ».

Oh ! les braves cœurs et les bons loups ! Ils ne veulent que la liberté, la liberté entière de s'entendre avec les moutons bêlants ! Ce sont des loups humanitaires ! Ils n'ont jamais mangé les domaniers, ces pauvres moutons ; ils se sont bornés à les tondre le plus ras possible, en vertu du droit de propriété. Liberté !

Liberté chérie ! N'est-ce point admirable de voir les réactionnaires qui n'ont pas assez d'anathèmes contre la liberté, invoquer la déesse pour couvrir leurs procédés jésuitiques, défendre leurs privilèges et perpétuer des abus ! Ah ! les bons apôtres !

II

Nature et iniquité du domaine congéable

Et maintenant, voyons ce qu'est le domaine congéable. Dalloz en donne ainsi les principales caractéristiques :

« Le bail à domaine congéable est la concession d'un fonds pour un temps déterminé, moyennant une redevance annuelle et avec faculté pour le bailleur de congédier, en payant au preneur la valeur des édifices et superfices.

« Le bail à domaine congéable transférant au preneur la propriété des édifices et superfices, il s'ensuit que, lorsqu'un tel bail est intervenu, le fonds et les édifices et superfices se trouvent appartenir à deux propriétaires différents. Les édifices et superfices, détachés du sol qui les supporte, par une sorte de fiction légale, sont considérés comme meubles, par rapport au propriétaire foncier mais par rapport à lui seulement. Vis-à-vis de toute autre personne, ils ne cessent pas d'être immeubles et sont soumis aux mêmes règles que les autres immeubles ».

Dans l'exposé des motifs à ma proposition de loi, voici comment je m'exprimais moi-même : « Le domaine congéable est un genre de propriété usité en Bretagne, dans les départements du Finistère, des Côtes-du-Nord et du Morbihan. Il est actuellement régi par les lois des 6 août 1791 et 8 février 1897. Cette sorte de propriété comporte deux propriétaires parfaitement distincts : l'un appelé foncier, l'autre domanier.

« La propriété du foncier consiste en celle du fonds, du sol. Les arbres forestiers, les bois d'œuvres qui se trouvent sur le sol lui appartiennent et il a le droit, à l'expiration de chaque baillée, de congédier le propriétaire domanier.

« La propriété du domanier se compose de ce qui recouvre le sol, édifices, superfices, plantations et cultures. Les maisons d'habitation ou qui servent à l'exploitation de la ferme, les clôtures, murs, murets et fossés ; les ponts et ponceaux, les drainages, nivellements et travaux d'art, tous les fruitiers qui se trouvent sur les champs ou garnissent les vergers : pommiers, poiriers, cerisiers, noyers et châtaigniers isolés ; tous les bois blancs, bouleaux, saules, peupliers, houx, buis ; les tissus des prairies, les gazons, les landes, les bruyères, les fougères qui poussent sur les terrains incultes ; les bois d'émonde des taillis et des fossés, tout ce qui a une valeur vénale et productive — sauf les bois fonciers et les arbres forestiers — est la propriété du domanier. Il peut hypothéquer sa ferme, la vendre ou la *diviser*, sans le consentement du propriétaire-foncier ; il en jouit en entier et paie à celui-ci une redevance annuelle pour la *jouissance du fonds*.

« Cette co-propriété est remplie d'anomalies. Le fonds, le sol appartient au foncier ; les fossés qui enclosent les champs appartiennent au domanier. Les têtards de chênes ou autres qui se trouvent sur les fossés appartiennent au foncier ; mais les bois d'émondes de ces têtards sont la propriété du domanier.

« C'est le domanier qui paie toutes les contributions et qui possède toutes les valeurs productives, ainsi que toutes les constructions.

« Mais le foncier possède une rente *perpétuelle* sur la ferme, avec la faculté de congédier le domanier, à l'expiration de chaque baillée ou contrat.

« Au contraire, le domanier ne peut exiger du foncier pas même le remboursement de ses édifices et superfices ; une clause de renonciation, inscrite dans chaque bail et validée ! ! ! par la jurisprudence, le lui interdit. »

***

Telle est la situation respective des propriétaires fonciers et des propriétaires domaniers en Bretagne ! Un pareil état de choses n'est-il pas inique, immoral, barbare ! Comment peut-on oser soutenir, et au nom du progrès encore, qu'il est préférable de ne pas y toucher ? « C'est une coutume respectée en Bretagne » déclarent dans leur vœu d'Auray ces messieurs les réactionnaires. Quel cynisme ! Cela ne vous rappelle-t-il pas le mot fameux : « Quand Auguste avait bu, la Pologne était ivre » ou cet autre qui doit être familier au Président de la section morbihannaise des Agriculteurs de France, qui cite si aisément Molière : « Quand j'ai bien bu et bien mangé, je veux que tout le monde soit saoûl dans ma maison ».

III

Comment les réactionnaires comprennent la justice et l'équité. Leur morale.

Cette coutume fait bien les affaires des propriétaires fonciers ; ceux-ci n'ont qu'à s'en louer : par conséquent, les domaniers doivent être contents ! Voilà le raisonnement et telle est la morale de ces Messieurs. Ils jouent du paradoxe, de la contre-vérité avec un sans-gêne qui paraîtrait stupéfiant si on ne connaissait pas leurs procédés et leurs habitudes. Le domanier est « attaché au sol », parce que la maison, les constructions, les plantations, les cultures qui s'y trouvent sont sa pleine et entière propriété ; c'est le travail de ses mains, le fruit de son labeur, de son intelligence. Mais le propriétaire foncier a le droit de le congédier à la fin de chaque bail. Le domanier, lui, ne peut pas provoquer le remboursement de ce qui lui appartient ; il peut cependant « déguerpir » en se ruinant, car en vertu de son droit d'exponse (quel droit ! le droit d'abandonner au profit du propriétaire foncier le produit de ses travaux) il a la faculté de se faire rembourser une indemnité égale à la plus-value procurée à l'immeuble par ses édifices et ses superfices. Mais que dis-je, ce droit n'est lui-même qu'illusoire, puisque le foncier peut arrêter la demande d'exponse du domanier tant qu'il voudra, en lui consentant des baillées successives.

***

C'est tout simplement monstrueux, n'est-ce pas ? Il n'est pas possible d'avoir un autre sentiment, une opinion différente à ce sujet. Eh bien ! Vous vous trompez ; nos réactionnaires d'Auray écrivent sans sourciller : « le domaine congéable favorise la culture en Bretagne, en attachant davantage l'exploitant au sol, par son élévation à la dignité de propriétaire ». Que voulez-vous, ces gens là sont de même acabit que le moine Gorenflot qui vous baptisait carpe un lapin, afin de faire grassement maigre le vendredi. Ils n'ont décidément pas leurs pareils, ces émules d'Escobar, pour identifier les contraires et jurer que la piquette est le meilleur des vins, quand ce sont les autres qui boivent la piquette. Elévation à la dignité de propriétaire ! ! Les domaniers sont élevés, ont été élevés par la bonté ! des propriétaires fonciers à la dignité de propriétaires ! ! Au lieu d'être de simples fermiers ou des esclaves, ils sont par la vertu même, par l'excellence du domaine congéable, des fermiers ! Evidemment le foncier, l'oisif, le propriétaire *du sol* (on pourrait presque dire rien que du sous-sol) a le droit d'expulser, de congédier à sa seule volonté et convenance le propriétaire du dessus, le travailleur, l'exploitant, celui qui a bâti, défriché, mis en valeur le sol nu. Mais quelle abomination s'il en était autrement ! L'abeille a bien le droit de manger son miel ; c'est elle qui l'a fait, qui a bâti la ruche ! Mais le frelon, mais le parasite qui ne travaille pas, certes, qui ne produit pas, qui doit néanmoins vivre et profiter en tant que frelon et né tel, est-ce qu'il lui est défendu de chasser l'abeille pour se procurer son miel à sa guise et à sa faim ? D'être élevés à la dignité de propriétaires, de propriétaires *parallèles*, suivant une autre expression de leur crû, avec les propriétaires fonciers, n'est-ce point merveille, et qu'est-ce qu'il faut de plus, par Jupiter, aux domaniers ?

Ils ne demanderaient certainement qu'à continuer de « respecter la coutume bretonne » qui les a, grâce à un « parallélisme » providentiel, élevés « à la dignité de propriétaires », si des utopistes comme Le Rouzic n'avaient la manie de vouloir réformer un état de choses séculaire et de réclamer pour les domaniers une réciprocité complète de droits avec les fonciers.

IV

Opinions des Jurisconsultes sur l'iniquité du Domaine congéable.

Coutume respectée en Bretagne ! disent ces Messieurs. Et comment donc ! Jugez-en plutôt ! « Non, s'écriait Blaux, aux Conseil des Anciens, non, représentants du peuple, on n'a jamais imaginé en France, ni chez les peuples les plus barbares, une tenue soit en fief, soit à censive, soit à cens et rente foncière, soit à métairie ou locatairie perpétuelle, soit à ferme, sous quelque titre, dénomination, clause et condition que ce soit, aussi *oppressive*, aussi *destructive* de l'Agriculture, aussi *contraire à ses progrès* et à la plantation et multiplication des arbres, aussi cruelle, tortionnaire, vexatrice, barbare et tyrannique et plus *féodale* que le domaine congéable ».

Voilà en quel respect l'on tenait, il y a 120 ans, à la fin de l'ancien régime, cette coutume qui, d'après nos *progressistes* d'Auray, a *favorisé* la culture en Bretagne, a élevé l'exploitant à la *dignité* de propriétaire et n'est pas du tout « un legs *de la féodalité* ».

Mais, diront les réactionnaires, il n'y a là que l'opinion d'un représentant du peuple, d'un révolutionnaire, sans doute, à la façon de Le Rouzic. Eh bien ! Et les domaniers bretons, réunis à Pontivy, en février 1790, pour réclamer à cor et à cris l'abolition du domaine congéable, est-ce qu'ils trouvaient cette coutume respectable ; est-ce que leur élévation à la dignité de propriétaires les empêchait de regarder le domaine congéable comme le pire de leurs maux ? » Les délégués des communes bretonnes, dit l'historien Henri Martin, considéraient la possibilité de l'abolition du domaine congéable comme le plus grand bien qui pût leur arriver ; ils le regardaient donc comme le pire de leurs maux ».

***

Et si cela ne suffit pas à Messieurs les réactionnaires, car les domaniers doivent leur paraître bien suspects, étant intéressés à décrier une coutume si vénérable, est-ce qu'ils pourront contester la valeur, l'autorité du sentiment du jurisconsulte Tronchet qui, dans son rapport sur la réforme du domaine congéable, en 1791, déclarait que : « Une maxime intolérable était celle (la fameuse coutume !) qui à l'expiration du terme fixé par le bail, ne donnait qu'au foncier le droit de continuer ou de ne pas continuer le bail et ne permettait pas au domanier de se retirer en demandant le remboursement de ses droits réparatoires, ce qui détruisait la réciprocité naturelle qui doit résulter d'une convention entre les parties contractantes ».

Evidemment Tronchet n'avait pas remarqué le « parallélisme » découvert le 25 décembre à Auray par nos subtils réactionnaires ; il n'avait pas senti non plus la beauté d'un régime qui avait élevé à la dignité de propriétaires de simples exploitants du sol.

Les excellences, les mérites du domaine congéable avaient échappé également à un autre jurisconsulte, non moins célèbre, Portalis, l'un des rédacteurs du Code Civil, car il disait lors de la discussion de la loi du 6 août 1791 ; « On ne peut supporter des charges et des servitudes éternelles. L'imagination inquiète, accablée par la perspective de cette éternité regarde une servitude ou une charge qui ne doit pas finir comme un mal qui ne peut être compensé par aucun bien ».

Coutume respectée, droits parallèles, dignité du domanier ! Où étiez-vous donc cachés, pour que personne, à l'exception des propriétaires fonciers, ne vous ait aperçus et n'ait compris les bienfaits que vous aviez répandus sur la Bretagne pendant toute la durée du moyen-âge ?

V

Pourquoi j'ai voulu mettre fin à un Régime inique ? Motifs de ma proposition de Loi.

Après avoir montré ce qu'est le domaine congéable, après avoir rappelé au moyen de textes nombreux et explicites les critiques, les griefs, la réprobation dont il n'a cessé d'être l'objet depuis son origine jusqu'à nos jours, il me reste à mettre en regard, la loi votée par la Chambre des Députés d'après ma proposition et le vœu de la section morbihannaise de la Société des Agriculteurs de France dans sa réunion du 15 décembre 1913, à Auray, en opposition de cette loi.

Quels sentiments m'avaient poussé à déposer devant le Parlement une proposition de loi relative à la réforme du domaine congéable ? Ai-je besoin de le dire ? Il suffit d'avoir des yeux pour voir, des oreilles pour entendre et dans le cœur des sentiments de justice et d'humanité. En deux mots, il me suffisait d'être breton et républicain ; breton pour vouloir être utile à des compatriotes, à des frères de sang et de race ; républicain pour me sentir obligé, au nom des principes mêmes de la République, d'essayer de faire œuvre de liberté, d'égalité, d'équité en faveur de vingt mille opprimés, descendants de centaines de milliers d'opprimés et que la Révolution n'avait affranchis que pour un moment, hélas !

J'avais exprimé longuement, au cours de mon exposé des motifs, pour quelles raisons et dans quelles conditions il était indispensable et urgent d'en finir avec une loi catégorique avec ce régime inique, immoral et barbare du domaine congéable. Il ne me semble pas inutile, avant de transcrire le texte de cette loi et comme pour mieux l'éclairer encore, de rapporter en parties ces considérations.

***

J'écrivais, page 14 de ma proposition :

« N'y a-t-il pas lieu d'être surpris qu'un siècle après la Révolution et l'abolition des droits féodaux, un siècle après la loi du 6 août 1791, jugée insuffisante par le législateur de

1792, éludée dans sa partie essentielle (l'article 11, annulé par une clause de renonciation au bénéfice de cet article) en présence des abus, des injustices de toutes sortes perpétuées par le domaine congéable et, au moment où les plaintes les plus vives, les réclamations les plus véhémentes et les plus justifiées s'élevaient de toutes parts en Bretagne contre une coutume aussi désastreuse, n'y a-t-il pas lieu d'être surpris qu'un Parlement républicain, au lieu d'abolir résolument cette coutume, à la façon de la loi de 1792, ou tout au moins de placer les deux co-propriétaires sur un même pied d'égalité devant la loi, ait estimé suffisant de replâtrer un édifice caduc et nuisible, et, à la place d'une réforme réelle, de n'apporter aux victimes d'une institution funeste qu'un mirage décevant ? (Loi du 3 février 1897) ».

Plus loin page 17, je disais :

« Dans la partie galloise des départements bretons où le domaine congéable n'existe pas, les terres sont mises en valeur, les landes disparaissent pour faire place à des cultures diverses, le progrès y marche d'un pas rapide. Dans les pays à domaine congéable, l'arrêt est net. Ici, plus de défrichements ; il est interdit au domanier de rien clore, innover ou malmettre. Malmettre veut dire pour les domaniers du Finistère qu'il leur est défendu de planter des pommiers sur leurs terres.

« Obstacle au progrès agricole, dépendance morale et privation du droit plein de propriétaire pour le domanier, tel est le résultat de la réforme de propriétaire usitée dans trois départements bretons sous le nom de domaine congéable. Tel est l'état de choses auquel se trouvent en butte vingt mille domaniers qui demandent aujourd'hui comme avant la Révolution la fin de leur servage, leur indépendance réelle, la possibilité d'être propriétaires selon le droit commun.

« Il ressort de tout ceci, jusqu'à l'évidence, que la loi de 1791 qui a été constamment faussée, déviée de son but, rendue vaine et illusoire, que la loi de 1897 qui n'a offert au domanier aucun moyen de rompre son contrat, de sortir de l'indivision qui résulte de la dualité, de la superposition de propriétés émanées du domaine congéable, n'ont eu aucun effet décisif et qu'il importe au plus haut point de mettre enfin un terme à un système immoral, injuste, contraire à nos mœurs, à notre droit, au progrès ».

Enfin, page 19 et 20, je terminais par ces considérations :

***

« Que demandaient tous les districts bretons dans leurs rapports à l'Assemblée Nationale avant et après la loi de 1791, sinon le droit à *sortir* de *l'indivision* ? — A l'homme qui est domanier depuis mille ans, disait le rapport du district de Vannes, il est interdit de sortir de l'indivision ; il n'a jamais pu jouir de la propriété incommutable. — Et que demandent aujourd'hui les domaniers bretons ? Exactement la même chose. Le Conseil Général du Finistère, dans l'enquête préparatoire à la loi de 1897, traduisait parfaitement leurs réclamations en demandant — qu'on rétablisse l'égalité des droits et autant que possible l'égalité de situation entre les contractants — ».

La proposition de loi que nous avons l'honneur de présenter s'inspire de ce sentiment d'équité naturelle, de ce principe de justice distributive. Il est de l'intérêt de toute une région de la France, il est de l'intérêt général que ce mode d'exploitation du sol qui est une barrière infranchissable du progrès disparaisse au plus tôt. Pour obtenir ce résultat, les domaniers ne demandent ni la spoliation du propriétaire foncier ni son expropriation ; ils ne réclament qu'une chose aussi simple que juste : c'est la réciprocité des droits. De même que la loi donne au foncier le droit de rembourser au domanier les édifices et superfices, à l'échéance de chaque contrat, il est de toute justice que la loi accorde au domanier le droit de rembourser la foncialité, à l'expiration de chaque baillée. Les droits de l'un et de l'autre sont ainsi sauvegardés et de cette façon, sans heurt ni violence, par l'effet d'une loi commune aux deux et leur fournissant le moyen de s'affranchir l'un de l'autre, de devenir, au fur et à mesure de la fin des contrats, propriétaire l'un ou l'autre de la totalité du domaine, fonds et édifices et superfices, se trouvera en peu de temps aboli un usage féodal, une survivance moyennâgeuse contraire au droit moderne, aux principes d'égalité devant la loi et au progrès.

Les propriétaires fonciers ne seront pas lésés, puisqu'ils n'ont jamais manqué l'occasion, chaque fois qu'ils y ont trouvé leur compte, de congédier les domaniers. Et ceux-ci, à leur tour, ne pourront plus se plaindre, puisqu'enfin la République aura si aisément réalisé le rêve de justice et d'indépendance que durant des siècles avaient fait leurs ancêtres.

Nous nous sommes proposé de faire une loi simple, équitable ; de réduire pour les intéressés les frais au minimum ; d'aménager pour ainsi dire une réglementation à l'amiable. Nous sommes persuadé que le Parlement républicain sera désireux de donner à la Bretagne un gage de l'intérêt qu'il porte à ses efforts continus vers la justice, l'indépendance économique et morale, la prospérité agricole, en votant au plus tôt, etc...

VI

Texte de la Loi votée par la Chambre des Députés

Voici maintenant le texte de la Loi votée par la Chambre des Députés et qui a mérité l'excommunication majeure des chanoines réunis à Auray, le 15 décembre 1913, pour s'occuper, *ex Cathedrâ*, du maintien des traditions les plus respectables dans le Morbihan » !!! pour promulguer le dogme sur les besoins et les intérêts de l'Agriculture en Bretagne, pour décréter que les domaniers « élevés à la dignité des propriétaires ! » par la vertu miraculeuse du domaine congéable, ne peuvent être que satisfaits de leur sort et seraient bien fous de méconnaître leur bonheur ou de poursuivre des chimères à la suite de réformateurs comme ce mécréant de Le Rouzic.

Article Premier. — Le propriétaire foncier a le droit, à l'expiration de chaque contrat ou de chaque période d'assolement, de congédier le domanier, moyennant le remboursement des édifices et superfices, d'après leur valeur au jour de la sortie. Réciproquement, le domanier aura le droit, dans les mêmes conditions et dans les mêmes formes établies pour le domaine congéable, de se rendre propriétaire des droits fonciers.

La signification de cette intention doit, de part et d'autre, être faite un an au moins avant l'expiration du bail en cours.

Art. 2. — Quand l'une des parties aura fait connaître sa volonté, conformément à l'article premier, l'autre aura le droit de requérir la mise aux enchères de l'intégralité de la propriété, fonds et superficies. Celui qui portera la dernière enchère demeurera propriétaire du tout.

Les tiers ne sont pas admis aux enchères.

Art. 3. — La valeur des droits fonciers ou la ventilation du prix, selon le cas, sera établi par des experts convenus ou nommés et fonctionnant dans les mêmes conditions que pour le congément.

Ces experts estimeront la valeur globale de l'immeuble en fonds et édifices, puis séparément celles des droits édificiers et réparatoires, en opérant selon le mode actuellement en usage. La différence entre ces deux évaluations représentera la valeur du fonds.

Les sommes dues seront payables à l'entrée en jouissance du congédiant ou adjudicataire.

Art. 4. — Les frais, sauf ceux de contestation, incomberont à celui qui demeurera définitivement propriétaire du tout.

Art. 5. — Toute clause contraire à la présente loi est réputée nulle et non avenue. Défense est faite aux Officiers publics d'en insérer dans les contrats. Toute somme payée contrairement aux présentes dispositions est sujette à répétition, nonobstant toutes stipulations contraires.

Art. 6. — Il est interdit, pour l'avenir, de soumettre au régime du bail à domaine congéable des biens qui n'y sont pas actuellement soumis. Les terres qui viendront à être affranchies de ce régime ne pourront, non plus, y être soumises de nouveau.

Art. 7. — Toutes les dipositions de la présente loi sont réputées d'ordre public.

VII

L'Opposition des réactionnaires à la Loi votée par la Chambre. — Leur Evangile agricole.

Telle est la loi, si raisonnable, si juste, si équitable, d'une exécution facile qui a rempli de terreur Messieurs les réactionnaires. Il faut, en effet, lire tout de suite le texte de leur vœu d'Auray pour se rendre mieux compte jusqu'à quel point ces doux agneaux sont enragés, jusqu'à quel point le parti pris les aveugle et les conduit à dénaturer les faits, *ad majorem Dei Gloriam...* C'est fantastique, c'est incroyable. Jugez-en. Nous rirons après.

Loi « LE ROUZIC », *sur le Domaine congéable.*

M. le Président fait remarquer que la loi sur le Domaine congéable n'a été votée que par surprise à la Chambre à l'entrée de la séance.

Il cite l'opinion défavorable de M. Guieysse et cette autre d'un notaire de la région Alréenne : « Moi, j'en suis enchanté parce que cela me fera faire beaucoup d'actes, mais au point de vue juridique j'estime que c'est un attentat au droit de propriété ».

A l'unanimité, le vœu suivant est adopté :

« Considérant qu'une loi dite « Le Rouzic » est actuel-« lement pendante devant le Sénat et tend à modifier la « législation du domaine congéable ; que le domaine « congéable favorisera la culture en Bretagne, pays de « terre pauvre, en attachant davantage l'exploitant au « sol, par son élévation à la dignité de propriétaire.

« Considérant que selon M. Guieysse dont le témoi-« gnage ne saurait être récusé, bien loin d'être un legs « de la féodalité, ce bail a empêché, au Moyen-Age, le « servage en Bretagne.

« Considérant que l'édificier tient beaucoup à sa « dignité et à ses prérogatives, qui lui confèrent un droit « de propriété parallèle à celui du Foncier ;

« Considérant que la modification proposée par M. Le « Rouzic consiste à permettre à chaque partie de rache-« ter à tout moment le droit de son contractant, sans « que les tiers puissent être appelés à l'adjudication ; « qu'il en résulte que chaque partie pourra profiter « ainsi du moment précis où il sait son associé sans « argent pour le contraindre à une vente à vil prix, dé-« préciant la propriété.

« Que par l'éloignement de tout autre adjudicataire, « les parties pourront en outre se livrer à une atteinte « dolosive sur les droits réels des tiers.

« Que cette proposition constitue une atteinte au droit « de propriété.

« Que la loi, d'ailleurs, n'a été votée à la Chambre que « par surprise, au début d'une séance ».

La réunion demande au Sénat de s'opposer de tout son pouvoir au vote d'une loi qui porterait atteinte à une coutume respectée en Bretagne, avilirait le prix de la propriété et favoriserait les ententes dolosives au détriment des droits d'hypothèque des tiers.

Demande en outre, d'une façon générale, que la loi ne puisse intervenir dans les conventions entre propriétaires et exploitants et que liberté entière leur soit laissée, au point de vue du règlement de leurs intérêts réciproques.

***

Voilà le lapin que ces Messieurs voudraient faire prendre pour une carpe !

Voilà le chef-d'œuvre de loyauté, d'exactitude et de

vérité issu du Concile de « chouans » tenu à Auray sous la présidence de M. Guilloteaux, sénateur et républicain très avancé ! Voilà le monument élevé à la gloire du domaine congéable par les meilleurs amis du progrès de l'agriculture et en même temps les plus fidèles gardiens des « coutumes respectées » en Bretagne ! Voilà le credo des fonciers-rentiers par rapport aux domaniers et le témoignage expressif du grand amour et de l'immense estime qu'ils leurs portent ! Voilà leur façon de comprendre les faits et l'histoire, et c'est la bonne façon assurément, puisque c'est celle du père Loriquet.

Ah ! certes, il n'y a pas dans ce memorandum d'Auray, ainsi que l'atteste M. Guilloteaux, un « procédé oblique » et ce n'est pas du tout non plus « par parti-pris » que l'*Assemblée générale* des Agriculteurs morbihannais a émis le Vœu-Phénomène qu'on devrait promener de comice en comice en Bretagne comme on montre dans les foires des veaux à deux têtes ou à cinq pattes.

De même que M. Jourdain faisait de la prose sans le savoir, ces Messieurs ont naturellement conçu et mis au jour *franchement et loyalement*, leur vœu, leur sentiment, leurs volontés.

***

Domaniers, approchez, venez entendre la bonne parole, la bonne nouvelle que vous annoncent ceux qui n'ont en vue que vos intérêts et qui se sont rassemblés dans l'unique but de les sauvegarder comme si c'étaient les leurs ! Ils vous disent avec l'accent de la plus parfaite sincérité : « Nous vous aimons énormément, domaniers ; nous proclamons que vous êtes bien propriétaires *parallèlement* aux fonciers ; nous sommes heureux que, grâce au domaine congéable, vous ayez été élevés à la dignité de propriétaires, au lieu d'être de vulgaires serfs et esclaves ; nous sommes certains que vous tenez à vos « prérogatives » et que vous désirez continuer à respecter une coutume et des traditions si avantageuses (pour nous). N'ajoutez pas foi aux faux prophètes qui vous disent que le domaine congéable vous asservit, vous humilie et vous exploite. Soyez persuadés que le domaine congéable, c'est bien de l'or en barre (pour nous) que vous avez entre les mains et non le vil plomb que voudraient dire des démagogues qui ne rêvent que bouleversements. La loi qui a été votée par la Chambre et qui aurait pour effet de supprimer la liberté de nos conventions (à notre seul profit) ne saurait être ratifiée par le Sénat ou du reste nos amis s'emploieront LOYALEMENT et FRANCHEMENT à la faire échouer. Nous sommes bien vos interprètes, n'est-ce pas, Messieurs les domaniers, et c'est parce que nous connaissons admirablement vos droits et vos désirs que nous avons jugé superflu de vous appeler à siéger parmi nous à Auray. Mais encore une fois nous vous aimons comme des frères (de rapport), et « considérant que, selon M. Guieysse dont le témoignage ne saurait être refusé, bien loin d'être un legs de la féodalité, le domaine congéable a empêché au moyen-âge le servage en Bretagne » nous vous prions de rester attachés à une coutume séculaire et respectée. »

Quand je vous dis que ces « libéraux » sont inimaginables ! Ils pratiquent la sorcellerie avec un art sans égal. Tandis que Boileau conseille d'appeler un chat un chat, eux autres, moyennant un signe de croix, une incantation et une bénédiction, vous affirment qu'un régime inique et immoral est une coutume respectée, que la chaîne d'esclavage est une prérogative, que la situation humiliante et précaire du domanier constitue une dignité à laquelle il tient par dessus tout.

VIII

Réfutation des « assertions » des Réactionnaires

Oui, vraiment ! c'est une merveille que ce vœu d'Auray. Chaque phrase, chaque affirmation mériterait d'être encadrée. Numérotons-les : 1° la loi sur le domaine congéable n'a été votée que par surprise à la Chambre à l'entrée de la séance.

Réponse. — J'aurais bien voulu voir comment s'y seraient pris certains députés réactionnaires pour combattre ma proposition de loi. Je me serais fort réjoui de les entendre soutenir devant une Chambre républicaine la thèse du Concile d'Auray ; et quant à la veste qu'ils auraient ramassée, j'aurais sûrement voulu contribuer à la leur tailler solide et longue.

***

2° Il cite (c'est le président M. Guilloteaux) l'opinion défavorable de M. Guieysse.

Réponse. — Je demande la citation, en me bornant à rappeler que M. Guieysse fut, il y a vingt ans, l'auteur d'une proposition de loi plus radicale que la mienne sur le domaine congéable.

3° Il cite cette autre opinion d'un notaire de la région alréenne : « Moi, j'en suis enchanté, parce que cela me fera faire beaucoup d'actes, mais, au point de vue juridique, j'estime que c'est un véritable attentat au droit de propriété.

Réponse. — Le nom s. v. p., le nom de ce notaire, qui n'a rien compris à la loi et qui n'est pas près de s'enrichir s'il ne compte que sur les actes qu'elle lui procurerait. Il l'a certainement lue à rebours, mais son opinion sur le droit de propriété le désigne à toute la sympathie des domaniers. Le nom, oui le nom de ce notaire, bien libéral, bien progressiste et auprès duquel les grands jurisconsultes comme Portalis et Tronchet ne sont que des éteignoirs.

⁂

4° Considérant que le domaine congéable favorise la culture en Bretagne, pays de terre pauvre, en attachant davantage l'exploitant au sol par son élévation à la dignité de propriétaire...

Réponse. — Le contraire est la vérité éclatante comme le soleil. Une bonne loi, une loi juste serait celle qui contraindrait les fonciers-rentiers et les agriculteurs-chouans de la réunion d'Auray à devenir, pour la durée d'un bail seulement, des domaniers, pendant que ceux-ci seraient élevés à la dignité de propriétaires-rentiers. Ils crieraient comme des putois, nos bons apôtres, et trouveraient que la soi-disant élévation n'a été qu'une chute dans l'asservissement et la prétendue dignité qu'une vaste blague.

5° Considérant que, selon M. Guieysse, bien loin d'être un legs de la féodalité, ce bail a empêché au moyen-âge le servage en Bretagne.

Réponse. — Que ces gens-là sont donc préoccupés des opinions de M. Guieysse et, le faisant, ils n'emploient évidemment aucun procédé oblique. La féodalité était un ensemble de lois et de coutumes auxquelles se rattachait si bien le domaine congéable que la Révolution, par la loi du 6 août 1791, du 27 août 1792 et du 29 floréal an II, se proposa d'abolir cette coutume comme féodale, barbare et antisociale. Il serait plaisant d'entendre nos casuistes d'Auray oser soutenir que les auteurs du rapport de la Commission du district de Vannes, au moment de la Révolution, un juge, un prêtre, un laboureur, étaient des lunatiques quand ils écrivaient : « Il est fâcheux que vous ne connaissiez l'*esclavage* qu'opère le domaine congéable, etc. »

Il ne s'agit pas de discuter sur le caractère spécifique du domaine congéable par rapport à d'autres lois en coutumes féodales. La vérité est qu'il a si peu empêché le servage en Bretagne au moyen-âge, c'est que les domaniers n'ont cessé de se plaindre à travers les siècles, et encore aujourd'hui, d'être des « serfs », des esclaves. Mais, en passant sous silence que M. Guieyesse a cherché à substituer un régime de justice et de liberté au régime inique et intolérable du domaine congéable, on invoque seulement son opinion, son idée sur la nature même ou sur l'origine de ce contrat, et le tour est joué.

***

6° Considérant que la modification proposée par M. Le Rouzic consiste à permettre à chaque partie de racheter à tout moment le droit de son contractant, sans que les tiers puissent être appelés à l'adjudication.

Réponse. — *A tout moment* est le contraire de la vérité. Il n'y a qu'à lire l'article premier de la loi. Le voici : « Le propriétaire foncier a le droit à l'expiration de chaque contrat ou de chaque période d'assolement de congédier moyennant, etc... Réciproquement, le domanier aura le droit, dans les *mêmes conditions et dans les mêmes formes, etc.*

Telle est la bonne foi de ces Jésuites ! A moins de leur mettre le nez dans leurs mensonges, ils jurent leurs grands dieux qu'ils ont lu cela, qu'ils ont compris les choses ainsi. Mais où le bât les blesse surtout, c'est ici : les tiers ne sont pas admis aux enchères. Pas moyen de ruser, d'user de subterfuges ; la partie égale entre les contractants. Ça ne fait pas leur affaire.

D'où ils concluent « loyalement » que 7° Cette proposition (loi votée) constitue une véritable atteinte au droit de propriété.

Réponse. — Eh bien ! que signifient alors les droits PARALLÈLES des domaniers reconnus, proclamés si pompeusement ! Sur quoi reposent la *dignité*, les *prérogatives*, la *propriété* du domanier, si, voulant faire valoir ses droits, il porte atteinte au droit de propriété... du foncier-rentier. Quelle plaisanterie ! Quelle comédie ! Quelle tartuferie !

Voilà le monument ! Voilà le chef-d'œuvre ! Voilà l'ex-voto ! Il a été, nous déclare le communiqué, fait, édifié et acclamé à l'unanimité. Ça se voit ! Ça se sent ! Il n'y avait dans l'*Assemblée générale* d'Auray que des amis, des défenseurs, des avocats, des interprètes des domaniers ! !

IX

Conclusion. — Un coup d'œil en arrière

Voilà le décalogue relatif au domaine congéable forgé par les grands prêtres agriculteurs morbihannais. Car si j'ai numéroté seulement les huit premiers articles de foi du formulaire d'Auray, il en contient cependant bien dix. Le neuvième déclare que « la réunion demande au Sénat de s'opposer de tout son pouvoir au vote d'une loi qui... etc. » Et le dixième « demande que la loi ne puisse intervenir dans les conventions entre propriétaires et exploitants » afin de laisser aux premiers toute liberté de gruger les seconds, comme ils ont toujours fait, sans que ceux-ci aient le moindre recours légal et judiciaire. C'est ce qui s'appelle plumer la poule en l'empêchant de crier.

Si la peur du Sénat a été la cause de la réunion d'Auray, la crainte des électeurs a été la cause d'une proposition de loi équivoque, bâtarde, déposée le 20 janvier dernier par M. Lamy à la Chambre sur la réforme du domaine congéable. Cette proposition de loi est arrivée, on peut bien le dire, comme des cheveux sur la soupe, comme si la Chambre n'avait pas voté précédemment la mienne. Mais depuis le 25 décembre, depuis l'évangile agricole d'Auray, la situation de M. Lamy devenait celle du doigt entre le bois et l'écorce, entre l'enclume et le marteau. Comment faire pour concilier des sentiments qui ne soient pas à la fois trop différents de ceux émis par l'orthodoxie réactionnaire et trop opposés aux droits indéniables des domaniers. Cette conciliation, cette confusion ne pouvait s'opérer que par le mariage de la carpe et du lapin, de la chèvre et du chou. De là, l'hybride projet de M. Lamy. C'est une manœuvre tout simplement, mais qui ne trompera personne. Donner et retenir ne vaut. M. Lamy a l'air de donner d'une main, il retient à peu près tout de l'autre.

Le malheur pour lui et ses coregilionnaires d'Auray, c'est qu'il est obligé malgré lui à des aveux qu'il faut retenir. En voici quelques-uns : « L'institution du domaine congéable, dit-il qui disparait peu à peu par l'exercice du droit de congément a soulevé des critiques plus acerbes que justifiées ». Voyez-vous le dosage : critiques plus acerbes que justifiées ? Mais voyez l'aveu : qui disparait peu à peu par l'exercice du droit de congément. Et qui donc possède seul le droit de congément ? Le Foncier rentier, n'est-ce pas ? Et qui désire que la loi n'intervienne pas pour que ce droit de congément inique, arbitraire, immoral, reste entre les seules mains du foncier-rentier ? Les amis de M. Lamy, ses co-associés !

Et cet autre aveu : « Ce qui a surtout choqué, dit-il, dans le domaine congéable, c'est l'inégalité de situation entre le foncier et le domanier, au point de vue des moyens qui permettent de faire cesser cette juxtaposition de propriété ». — Nous y voilà en plein. Les évangélistes d'Auray disent « *parallélisme* » de propriété, pour bien marquer qu'il ne doit pas y avoir contact, rencontre. Le foncier-rentier a seul le droit de briser à son profit le parallélisme.

***

Autre aveu : « Le domanier peut déguerpir en se faisant rembourser une indemnité égale à la plus-value procurée à l'immeuble par ses édifices et superfices. Droit *insuffisant* pour lui, puisqu'il ne reçoit que l'équivalent de cette plus-value, et droit *paralysé* par une faculté laissée au foncier qui peut arrêter la demande d'exponse du domanier, etc. ». — Tiens, tiens, mais c'est la vérité, cela, M. Lamy, contrairement aux affirmations de vos « camarades » d'Auray.

Enfin, cette dernière phrase de l'exposé des motifs de la proposition de M. Lamy : « Bien que modestes, dit-il, les modifications que nous vous demandons d'apporter au régime du domaine congéable mettront les parties contractantes sur le pied d'égalité ». Modestes, en effet, car les modifications proposées ne réaliseront pas du tout cette égalité. Mais d'être contraint à reconnaître que l'égalité devrait régner entre les parties contractantes, quelle hérésie, quel sacrilège, quelle abomination aux regards des orthodoxes d'Auray !

Et cependant M. Lamy ne sera pas excommunié ; son dévouement à la bonne cause mériterait plutôt récompense de la part de ses frères. Il a pratiqué soigneusement la maxime : « nécessité fait loi » et cette autre : « il est avec le ciel des accommodements ».

Je n'ai plus, pour terminer cette étude, qu'à montrer avec quel à-propos la Section morbihannaise des Agriculteurs de France a choisi Auray comme le lieu le plus propice pour y formuler son *Credo* et pour y lancer l'anathème contre ceux qui osent porter atteinte au droit de propriété par une loi comme celle qui a été votée à la Chambre sur le domaine congéable.

M. le sénateur Guilloteaux a pris un malin plaisir à me faire savoir, par une lettre parue le 25 janvier dans le *Nouvelliste du Morbihan*, que la Commission du Sénat chargée de l'examen du projet de loi voté par la Chambre se montrait hostile à ce projet à une grande majorité.

Je me ferai à mon tour un malin plaisir de donner les noms des Membres de cette Commission. Les voici :

Président : M. Bérenger ; *Secrétaire* : de Kerenflec'h (Côtes-du-Nord) ; *Membres* : de Trèveneuc, Larère (Cotes-du-Nord), Lemarié (Ille-et-Vilaine), Riou, de Kerdrel, de Lamarzelle (Morbihan), Fenoux (Finistère). Si l'on excepte M. Bérenger dont l'impartialité ne saurait être suspectée et M. Fenoux qui, quoique propriétaire foncier, est un bon républicain partisan de la réforme du domaine congéable, comment supposerait-on chez l'ensemble des autres Membres de la Commmission une inclinaison naturelle, un penchant vers une loi qui a pour but d'abroger une coutume « *vénérable et séculaire* » et de supprimer un « par parallélisme » qui assure tous les avantages de la position au foncier, en élevant toutefois le pauvre domanier à la *dignité de propriétaire !!!* Ces Messieurs sont du bon côté, du côté du manche ; ils tiennent la queue de la poêle. Je comprends qu'ils soient hostiles à une grande majorité à mon projet de loi. Le contraire m'aurait surpris, renversé. La nuit du 4 août n'est pas de mise aujourd'hui. L'abolition ou l'abandon de privilèges, fi donc ! C'était bon il y a un siècle, à l'époque de la Révolution ! Mais maintenant... Entendu, M. Guilloteaux.

***

Je consens même à avouer que les domaniers ont été bien bêtes de se laisser déposséder par la loi du 9 brumaire an VI. Je reconnais encore que nobles et prêtres ont été roués comme potence en usant d'intimidation, de menaces d'excommunication et d'enfer contre les domaniers après la loi du 27 août 1792 qui leur avait donné justement la propriété pleine et entière de leurs tenues. Je ne conteste pas qu'ils auraient mieux fait d'imiter, à cette époque, ayant le droit pour eux, certains jacobins enrichis par le vol de biens nationaux et de biens d'église et dont les petits-fils sont à présent les plus valeureux soutiens de l'autel et du trône et les plus intrépides champions de la sainte et intangible propriété. Oh ! la mystification des choses, le démenti railleur donné par les faits et l'histoire à certaines attitudes.

Vous triomphez, M. Guilloteaux, avec votre déclaration d'Auray et avec la Commission du Sénat ! Soit ! riez à votre aise du bon tour que vous croyez avoir joué aux domaniers ! Je veux, de mon côté, offrir à ceux-ci la satisfaction de rire à vos dépens, aux dépens de vos coreligionnaires, de vos associés. Et rira bien qui rira le dernier. Il n'a rien perdu de son actualité, cet ouvrage de Drumont qui s'appelle *La Fin du Monde* et qui fit quelque tapage il y a vingt ans. Il contient des révélations, des documents qui ne manquent pas d'intérêt et que les domaniers, plus particulièrement, auront plaisir à savourer.

« En certains pays comme la Bretagne, dit Drumont, ce sont les Terroristes qui sont maintenant les champions du trône et de l'autel. Président des Amis de la Constitution à Vannes, Ambroise-Jacques-Mathieu Caradec (grand-père de l'ancien député), peu tendre pour les nobles et les prêtres, ne fut point endormi après les exécutions, à se saisir des biens qui lui parurent à sa convenance. Si le petit-fils est un conservateur ardent, le grand-père était un acquéreur zélé et les membres les plus affamés des groupes anarchistes se contenteraient certainement du lopin qu'il s'adjugea. Il prit aux Carmélites de Nazareth trois tenues au bourg de Plescop, les moulins à eaux de Beaudet aux de Robien et d'innombrables tenues sises à Pont-Scorff, à Plougoumelen, à Rumengol. Il en prit ainsi pour 400.886 fr. (quatre cents mille francs qui représenteraient 2 millions aujourd'hui) qui lui coûtèrent une poignée d'assignats, car vous devinez qu'on ne discutait pas avec M. l'Accusateur public et que les gens qu'on avait guillotinés ou qui étaient en train de se battre, n'étaient pas là pour faire valoir leurs droits ».

Si nous demandions au notaire sans nom de la région alréenne ce qu'il pense de cette atteinte au droit de propriété et aux droits des tiers... Il y avait ici une litanie de tiers dépouillés, volés !

Drumont continue : « Le citoyen Guillo (Jean-Vincent), grand-père de M. Guillo du Bodan, qui pousserait des cris d'aigle si l'on voulait toucher au principe sacré de la propriété, ne rejoignit pas davantage les chouans qui tenaient la campagne, mais profondément affecté sans doute de tout ce qui se passait, il se consola du malheur du temps en opérant une véritable razzia de biens d'Église. La métairie, pourpris et bois de Kernipitur appartenant aux Dominicains de Vannes, la métairie de Moustérian aux Carmélites de Nazareth, les marais salants de Pusmain à l'Abbaye de St-Gildas de Rhuys, tout lui sembla bon et il prit tout ».

***

N'est-ce pas que c'est édifiant ? Mais continuons toujours. « Il faut croire, dit Drumont, que le bisaïeul de Lamarzelle était encore plus désolé que les autres de voir son roi traîné au supplice, les autels renversés, car il acheta à lui seul pour 886.661 fr. (huit cent quatre-vingt-sept mille francs !) de biens nationaux, biens d'émigrés et biens d'église assortis. Il eut pour quelques vignettes surmontées du bonnet phrygien, les métairies, les moulins à eau, les moulins à vent, les prairies des Cicé, de la duchesse de Duguesclin, des Marions de la Lande, des Rohan-Guémené ; il y joignit les prés, pâtures, maisons, jardins, terres, landes du prieuré de Saint-Martin de Josselin, des Chartreux et des Cordeliers d'Auray. Il lui eût été difficile de débourser beaucoup d'argent pour ces acquisitions, puisque de 1794 à 1805 nous le trouvons employé dans les bureaux du département comme chef de bureau des Emigrés et des Biens nationaux aux appointements de 1.500 puis de 2.100 fr. ».

Quel commentaire vaudrait ici celui de Drumont lui-même qui pique cette note délicieuse : « M. de Lamarzelle (aujourd'hui sénateur) s'écriait sans rire à un congrès catholique de Nantes : *Nos pères ont lutté comme des héros et le souvenir de leurs exploits est toujours vivant* ».

***

Drumont cite également dans son livre le grand-père de l'ancien député Martin, Martin (d'Auray), un des fondateurs de la Sociétés des Amis de la Constitution à Auray et signataire avec Caradec, Guillo (du Bodan) d'un mémoire justificatif publié en 1794, où ils revendiquaient le titre de sans-culottes (après avoir volé tout ce qu'ils avaient pu) et la responsabilité d'actes simplement atroces. C'était eux qui, les premiers, avaient offert une récompense de 60 livres à qui arrêteraient un prêtre.

N'est-ce pas joli ce spectacle, dit Drumont, pour qui sait tout voir avec un regard indépendant.

Oui certes, il est joli, et les domaniers bretons, à qui l'on a fait injure à Auray par une déclaration qui ne renferme qu'inexactitudes, mensonges et mauvaise foi, peuvent le contempler à loisir et se moquer à leur tour de leurs contempleurs.

La vérité, la justice, le droit triompheront envers et contre tout.

JOSEPH LE ROUZIC.

Député.

www.ingramcontent.com/pod-product-compliance
Ingram Content Group UK Ltd.
Pitfield, Milton Keynes, MK11 3LW, UK
UKHW020947220726
13924UKWH00002B/534